인식과 세상 보기

유기환 시집

국립중앙도서관 출판예정도서목록(CIP)

인식과 세상 보기 : 유기환 시집 / 지은이: 유기환. -- 부산
: 푸름사, 2016
p. ; cm

ISBN 978-89-94839-14-1 03810 : ₩10000

한국 현대시[韓國現代詩]

811.7-KDC6
895.715-DDC23 CIP2016011541

인식과 세상 보기

·

2016

인식과 세상 보기

유기환 시집

도서출판 푸름사

■ 시인의 말

생을 살면서 인간적인 고뇌를 하든지 어떤 감성에 내 자신을 빼앗기거나 서정적 발아에서 세월을 되돌아볼 때 간혹 시를 쓰고 싶다고 느꼈다.

그러나 정작 선장으로서 망망대해에서 선원들과 초자연과 생生과 사死와의 사투를 벌이며 혼연일체가 될 때 비로소 내 마음 안 깊숙이 내재되어 있던 초자아를 발견하게 된 것이다.

인간도 너무나 작고 초라하고 보잘것없는 하나의 자연의 일부라고, 그리고 나약하고 겁 많고 내세울 것이라고는 머리 하나로 궁리해 보는 보잘것없는 왜소한 동물이라는 것을 이 때 느낀 것이다.

순간 하나의 영감이 뇌리를 스쳤다. 인간과 자연과의 교감, 그리고 서정적 발아를 접목시키며 일상을 살아가는 평범한 생활을 구현하는 시를 문득 쓰고 싶어졌다.

생활적 발상의 근원을 추적하며 다양한 일상적인 삶의 면모를 보여줌으로써 좀은 꾸미거나 미화하지 않은 현존의 삶에 무게를 두면서 하나의 소통적 인생사를 열어보며 함께하는 동행에 긍정적인 화두를 가지려 했음을 밝혀둔다.

2016년 봄

저자 유 기 환

차례

제1부 인식과 세상 보기

제2부 빈 방의 의자

제3부 보리 필 때면

제4부 한 세월

제5부 미친 바다

제 1 부

인식과 세상 보기

인식과 세상 보기

길은
은혜입니다
한정 없는 축복입니다
내가 나아가고
돌아올 수 있는 길은
늘 물음표로
어쩌면 나를 증오할지 모릅니다

현재의 인식과 세상 보기는
목숨입니다
생生의 원천입니다

모두가 길에서 이루어지고
화답하고 미래를 위한 약속들
못 잊을 역사 아닙니까

한 세월 우리가 감사해야 할 근원들
아무도 모릅네다
모두가 길 위에서 생성되고 꽃 피고
길 위에서 여물어
먼- 후손들의 은혜와 축복이 되는
이 한결같은 물음을

산에 서서

산에 와서
산을 본다
일부의 능선과 경계와
산을 지탱하는 우람한 나무들 사이
낮게 어울린 구름 무리들
그리고 산을 에워싼
물들의 눈眼들과
산에서 죽어 스스로 자양분이 되는
산짐승들의 슬픈 눈망울들은
사철 고분고분 꽃 피는 산꽃들과
종일 노래로 함께 어울리며 화답하는
새들의 어여쁜 노래들
모두들 굳세게 굳세게 산을 지키는 임자들 아닌가
우리들의 생명을 지켜주는 산의 마력을 본다
산에 와서
산을 보며

반전의 기회

한 이야기가 한 이야기를 건너는 동안
하나의 존재가 오염되고
더욱 큰 입씨름이 되고 무게가 더해갈 때
일부의 증언은 무시되고
근거 없는 독버섯처럼 덧날 때
불의와 수작한 엉큼한 모함이
거대한 침몰로 올 때

너와 내가 나눌 수 없는
시간의 소통은 억울한 독백처럼
감옥 속의 수인처럼
꽉꽉 묶인 입이 되어
오오, 어쩌나
기회를 실기한 이 야성의 순간을

먼 바다의 그리움

대서양 온 바다 위 망망대해
무섬증의 점 하나로 남아서
그리움을 그리고 있다

고국의 푸른 산천과
토담집 겨우 머릿속에 드나들던 아지매집
그리고 기슭의 여울물 아래서
가족들과 보내던 오붓한 하루해를

온갖 전설들과 설화들의
내 고향 산천을 가득 담은 화폭에
어느덧 눈물로 오는 그리움 하나

대서양 온 바다 위
무섬증의 점 하나로
저물고 있는 뱃전에서
못 잊을 그리움 하나 속에
한 독백을 담그고 있다

늦은 귀가

신비롭게 아침마다 내 혈관에 새로이 돋는 피
처음의 나의 탄생처럼 완강한 투혼으로 하루를 나서면
차례를 기다리는 미로를 건너는 수많은 일상들

하루를 소진한 맑고 정갈한 피
나를 챙기는 비망록을 보며 마음 더욱 다짐하지만
더러는 사람들을 만나고 설득하고
이 해로 마무리하는 하루 일에 집착하다 보면
피로 안에서 헤쳐나오지 못하는 역류의 피

핏대를 세운 하루의 고뇌
늘 불안과 물음표로 마무리되는 이 하루

일행에서 멀어지는 나를 다시 추스르며
하루해를 마감하면 더욱 거칠어진 내가
새아침의 나를 끌고
힘겹게 함께한 계단의
또 다른 무게로 오르는
생경한 나를 보다

봄꽃

꽃이 핀다
새록새록 봄꽃이
적당한 온도와 습도와 공기로
스스로 체온을 나누며
심심한 이웃 꽃동무하며
나부끼는 춘삼월

연신 새로운 단장으로 체위를 바꾸며
수시로 자기 변신을 고뇌하며
키와 봉오리를 높이고
나붓대는 아지랑이 사이로
제 몸 한껏 불리며
알맞게 알맞게 나부끼는 춘삼월

오늘도 꽃대궁 하나 높이며
멀리 보는 봄이야기
산을 건너 실개천을 지나
동산에 신나게 신나게 둥지를 튼
아지랑이의 봄 춘삼월

미련한 자

이미 놓친 잠에서 깨어난 하품 썰렁한데
창가 햇볕 조각으로 더욱 밝아오는 거실 안
커피 한 모금으로 악몽을 물리치며
다시 돌아눕는다
까치가 제 머리를 쪼아
창밖을 두드리는 소리 귓전으로 들으며
자장가처럼 더욱 깊은 잠으로 고요한데
오늘의 진부한 약속도 잊은 채
아직도 무거운 몸을 일으키지 못해 씨름하는데
미루어지는 일상 지금일도 달려가
부딪히면 모든 일 망상에서 깨어날까
아직도 비의 자장가는
좀처럼 나를 깨우지 못하는데

하루를 열다

일찍 깨어난 하늘 아래
푸른 공기 한 아름
목간한 새아씨처럼 싱그러운 아침
앞마당 남새밭엔
온갖 푸성귀들이 다투어 키를 높이고
어느덧 오후가 여물고
잠에서 깨어난
갓난아기 모습처럼
싱그러운 꽃대궁 붉은 머리가
닭벼슬처럼 붉다

신선한 녹즙 맛을 세우고
초연히 기다리는 시간
이리도 초록의 마음으로 설레는데
먼 데서 그리운 벗님이 오실랑가
시간은 자꾸만 노을을 재촉하는데
오늘은 모든 것이 백지다
메아리 없는 순수처럼
처음의 나를 일으키지 못한다

희망 2

오늘을 지나며
내일을 생각한다
아차, 미처 정리하지 못한
과거를 필름처럼 꺼내본다
시간의 여백은 한 독백처럼
양지와 그늘을 만지는데

나를 동요하게 했다
혹은 실기한 기회를
그리고 아직도 지키지 못했던
약속들은 어디쯤 있는가
무료한 이 시각의 모든 허물들이
나의 결단을 바라보기로 있다

한 순간의 위로와
지난 일의 반성과
마무리하는 기회는 늘
회상 안에서
오늘과 내일을 갈무리로 공존한다

길의 운수

먼 산 위에서 보면
헝클어진 도심의 수많은 길
서로 숨바꼭질하며 미로처럼 시간을 건넌다
불확실성의 이 시대처럼 아슬아슬하게
닮은꼴로 어울린 길
서로의 억압처럼 주사위를 던져진 쪽으로
지친 하루를 짐지고
사람들은 계속 발걸음을 놓고

반쯤 기울어진 난간 위로 하루를 비켜간 시간들이
이 시각 가로수들처럼 흔들리고 있다
길은 길끼리 어울려 더욱 작고 큰 길을 만들지만
늘 불안한 하루의 중심에서 인내하고 있는 길

잘못 든 길은 언젠가 처음의 길로 탈바꿈해야
새로운 시작의 근원이 된다
오늘도 닮은꼴들의 길 위에서
서로의 운명처럼 서성이는 악다구니들
미로처럼 엉겨있는 정신들이
온전한 길들이 이정표처럼 헤매이는 하루

12시의 약속

마지막 한 장 남은 달력 속에
두 눈이 고정된 지 이미 오래다
이보게
얼마나 멋지고
근사한 다짐이던가

옹골찬 다짐과 기백으로
용솟음치는 활화산으로
다짐하던 계획들

느슨한 봄 여름 지나고 가을 무렵
전신의 힘과 용기로
완성을 또다시 다짐했건만
이미 어수선한 연말 못 이룬 계획들

이제 마지막 남은
달력 한 장을 보며 풀죽은 모습으로
비겁한 내년의 약속들을 다짐하며
또 다른 후회와 변명으로
자존심을 궁리해 보는 날

꽃이 먼저인 나무

잎이 먼저 피는 나무와
꽃이 핀 다음 잎을 차례로 피우는 나무가 있다
차례와 순서가 바뀐다고
문제가 될 것은 없으나

어긋나는 안타까움과 즐거움의 시기
자연의 섭리이겠지만
그 안에 감추어둔 비밀한 해답이 궁금하다

절대의 아름다움을
오랫동안 간직하지 못하는 꽃은
다른 꽃의 이름 앞에
요염한 자기 이름과
교태를 먼저 올려놓고
능청을 떤다

일찍이 환장하게 피고
하루아침에 흔적도 없이 사라지는
일본의 국화 사꾸라처럼

983고지

연무 깊은 아침 산행으로
983고지에 겨우 오르니
잠에서 덜깬 이슬방울 방울들 먼저 반기는데
능선 아래 구름바다
일제히 북으로 남으로 달려가는
깊은 봉우리 봉우리들의 장관들
오염되지 않은 저 맑고 청아한 새들의 소리

아, 포탄으로 얼룩진 민머리 황토고지에는
소낙비처럼 쏟아지던 포탄소리 지금도
귀청을 때리는데
불의 용광로 화약 속으로 산화하던
그때 그 시각에 대한의 용사들
조국을 구원하기 위한
피맺힌 절규로 고혼이 된 그들의 함성이
아직도 귀청을 때리는데
60년이 지난 녹슨 철모의 주인공의 대답은
어디에서도 들을 길 없네

*983고지 : 양구에 있는 6·25 최대의 격전지 중 하나

출항

님이 떠나려 하오
한정없이 사랑하는 내 님이
큰소리로 울며불며 떠난다 하오
삶의 애잔한 향기
무릇 미운 정 고운 정
애틋한 그리움 남겨두고
내일을 예측 못할 전쟁터로
깃발 출렁이며
애매한 날씨를 뒤에 두고
님은 떠난다 하오

눈물 그렁그렁
이별도 삶도 흔적으로 남겨놓고
내일의 운명도 가늠할 수 없는
머나먼 전장터로 정녕 떠난다 하오
하오에 잠시 갑판에 머문
노을의 시각 서둘러 챙기며
부-우-웅 한 사랑처럼 떠나는
거대한 산山처럼
내 사랑하는 님이 갈길 바쁘게 떠난다 하오

가뭄

모든 것이 끓고 있다
하늘 아래 보이는 것 모두
불타고 있다

구름 한 조각 없는 하늘
비인 들녘
사람 하나 안 보이는 마을 어귀

갈기갈기 찢긴 논바닥에
황새 한 마리 실성한 듯
끓는 태양을 바라보며
끼룩 끼룩
물의 노래로 절규하고 있는 들녘

산봉우리

치부는 숲속에 감추어 놓고
늘씬한 두 다리
이 산 저 산 걸쳐두고
오가는 새들 동무하며
능선무리의 꽃구름들 유혹하며
봉긋봉긋 젖가슴
사철 갖가지 색상으로 탈바꿈하며
영겁을 사는
저- 요기
우리는 알맞게 그의 비위를 맞추며
사철 변모하는 그의 만화경을 보며 사네

제 2 부

빈 방의 의자

사랑은

사랑은
몸살나게 서로 그리워하다
때로는 눈물로 이별하는 줄타기다

사랑은
아슬한 묘기로
순간을 모면하는
수수께끼 같은 물음표다

사랑은
너와 나를 의식하지 못하도록
서로를 꽁꽁 동여매는
신비의 마력이다

사랑은
반대쪽에 있어도
서로의 체온을 감지할 만큼
절대적이다

사랑은

태풍전야

바람이 자신의 몸을 해부해 보이며
파도와 함께 일직선으로 곧추서다
물에 젖어 불분명한 경계
길이 길로써 어긋나는 지점에 어김없이
바람이 앞선 바람을 매몰차게 붙들고 있다

손과 발을 묶고 입에 재갈을 물린 채
병든 당신의 가슴에 한 덩어리의 바위를 얹고
제어할 수 없는 힘으로
세상을 유린하는 저 악다구니

사람들은 다들 탈출을 위한 지도를 그리지만
그의 뼈대를 벗어날 수 없다
그의 힘이 소진하기만을 기다릴 뿐
바람은 언제나 고도의 정밀을 계산하며
세상 곳곳에 탕아처럼 기형으로 자라고 있다

전봇대

까만 밤이 서있고
그 옆에 사내 하나 엉거주춤
바지 단추 풀고 배설을 신나게 갈긴다
순간 구름 속에 달이 겸연쩍게 숨는다
사람들은 로봇모양 앞만 보고 걷고
부끄러워 외면하는 가로등

차들은 팽팽한 긴장감으로 달리고
저만치 우울을 달래고 있던
키다리 아저씨는
아직 깨지 않은 잠속의 동화나라에서
음치로 '고향의 봄' 을 신나게 신나게 부르는
동짓달 그믐께

망각

이질감으로 몸살난 덧니처럼
바닥 위에 우연히 솟은 돌부리
억센 바람에 찢겨진 칼끝 같은 나뭇가지
사랑채 아래 귀뚜라미
기찻길 옆 판잣집 모두가
가슴에 앙금으로 남아

깊은 마음 속 숨긴 곁눈질
만남이 없는 영원한 평행선 같이
끊임없는 삶의 뒷이야기도
언젠가는 지워지는 것

미움도 슬픔도
못 잊을 이별 하나의 상처도
이 하늘의 모든 생生의 한 이야기 아닌가
세월 지나면 언젠가는 사라지고
더불어 잊혀지는 것

무풍바다

만선을 예비한 조업선은
예인 속력으로 소걸음처럼
바다의 사방경계 위로 천천히 미끄러진다
바람 한 점 없는 무풍의 해면
온통 거울 맑은 몸매로
뱃머리는 이미 저 멀리 수평선 저쪽이다
오랜 바다와의
익숙한 뱃놈의 나이테를 말해주듯
얼굴 전체는 수염으로 꽉 찼다
어쩌나
조용한 바다를 깨트리고 싶지 않다
슬금슬금 도적걸음으로
그의 귀를 거슬리기 싫다
언제 그가 깨어나 광폭한 살인자로
둔갑할까 봐 오금이 저린데
지금 그는 봄 설레는 꿈의 잠으로 조용하다
가이없는 바다가 파랑으로
깊은 잠으로 온 지구를 삼키다

낚시

내가 건져 올린 것은
깊은 바다속 진주가 아닌
인어공주도 아닌 더구나
펄떡펄떡 솟구치는 월척도 아니었소
그 어떤 희망도 사랑도
세월도 아니었소
낚시 끝에 매달린
하얀 신기루의 세상도 아니었고
해면에 얼비치며 흘러가는
꽃구름은 더욱 아니었소
해종일 시간과 겨루기하며
돌아서는 시각
내가 건져 올린 것은
초췌한 나의 인생이었소
비로소 어떤 계시 같은
현대를 채근하는 먼 날의
나의 생소한 의문이었소

빈 방의 의자

빈 의자 하나가 고뇌하고 있다

시간을 세월을 분수껏 살았지만
자기 하나를 갈무리해 줄 사람 하나 없는
독백의 시간
북쪽 공간 노인의 자화상 아래 쓸쓸한 그늘로 있다
아직도 주인 없는 냉기의 방 모서리
서쪽으로만 창문을 홀로이 하고
방안을 하릴없이 거니는 먼지 하나 하나를 세며
애써 우울은 달래고 있다

앞을 바라볼 수 없고
위와 옆모서리도 가늠할 수 없는 빈 방의 의자 하나가
시간을 부축하며
종일 저 혼자 현재를 묻고 대답하며 주인 없는 방을 지
키고 있다
늘 물음표로 남겨놓은 이야기를 뒤로
하루를 수줍게 저물고 있다

밤의 귀가

그림자도 없는 땅끝에
움직이는 모든 것들은
정지된 호흡으로
침묵 속에 들다

중력 잃은 구름
체벌을 내릴 듯 숨어버리고
제멋대로 떠돌던 낙엽들은
모두가 정적에 휩싸인 밤

하루의 어두웠던 기억들이 새순처럼
뇌리에 침범하는 시각들
교차된 두려움의 세상 안으로
도둑에 쫓기듯 스며드는 족쇄걸음

어느덧 가까이 다가오는
그리운 집안의 안유와 평화와
나를 당기며
거인처럼 서있는 지구 저쪽의
내일의 태양이 어렴풋이 보이듯이

한 인생

아직도 지나온 길은
하나의 의미로
나를 일으키지 못하는데
나는 왜 이리도 먼 길을 걷고 있는가

산은 아득히 멀고
노래하는 새들과
알맞은 박자로 따라오는 여울과
아직도 그림자를 내리지 않는 숲들
평등한 모든 것들과
기다림을 주는 전부의 일체를 생각하며

나는 온종일 걸었다
사랑하는 것과
결코 사랑할 수 없는 이야기들을 생각하며

한 우수처럼 깊어가는 가을밤
먼 데서 차례로 떨어지는 유성처럼
이 저녁이 지나고 나면
더욱 높은 태양 아래
새롭게 샘솟는 또 다른 희망 하나와
또다른 시작을 꿈꿀 수 있을까

나를 돌아보기

아직은 지우지 말게 나의 미래를
야망과 더러는 수심도 함께 하지만
아직도 피 끓는 심장을 가진 나를 잊지 말게

산다는 것은 온갖 수확을 꿈꾸는 일이지만
하나의 별리로 자꾸만 버리면
새로이 돋아나는 허물 어쩌나

세상사는 일
굴신도 맹종도 섬기지 않겠지만
아직도 나의 올곧은 조신으로
존재를 섬기는 나를 이해하게나

친구여 이 하루 가진 것 모두 짐지고
새로운 결실을 위하여
이 세상밖을 서성일 우둔한 나를 기억하게

언젠가 우리가 모여서
한 맹세의 의미로 이룩한
뜻과 이유를 함께하던 그날 잊지 말게나

봄비 1

먼 능선을 넘어 산굽이 돌아
잔도를 휘젓고
오늘 당신을 오매불망 기다렸습니다
혹여 넘실대는 국도나
실개천을 따라오실까
한 시선 내내 고정시키며
당신이 오셔야겠기에
두문불출하고 기다렸습니다

훠이훠이 굿거리 같은
노래로 마중하며
종일 유일한 기다림으로
안타까이 기다린 당신

한정없이 깊은 밤
소문 없이 당신은 온 마을과 강산을 적시고
잎으로 가지로 뿌리로 정성으로 달려가
혼연일체의 정신 속에서
우리의 빛으로 영광으로 유일하셨습니다

무서운 것

자기를 드러내놓고 자랑하고
온갖 영광을 까발리는 것
하나도 무섭지 않다
위세를 과장하고 표식하며
하늘에 기세 좋게 닿는 말
하나도 두렵지 않다

진즉 무서운 것은 깊은 속마음으로
낮추어서 말하며
작은 일 힘든 일도 조용하게 마무리하며
내색하지 않는 사람
혹은 작은 소리 안에 깃든 알맹이 있는 말
커다란 일 힘들게 해놓고
정작 칭찬을 남에게 돌리는 사람

한 독백처럼 마음 비우고
시간의 여백을 튼튼히 활용하는 사람
그런 사람 참으로 무섭게 생각할 일이다

달빛 노천탕

하이얀 나비처럼 나신의 조각들
얕은 물결 위로 얼비친다
불사신처럼 색상의 조화로
수면에서 솟구치는 기포에 맞춘 말방울의 춤

숨소리마저 죽인 아담들이
어떤 언어로도 유혹할 수 없는
순간의 탄성으로 밤의 열기는 깊어가고

잠시 착시현상으로 동공을 지나는
꿈을 앓는 오감처럼
깊은 전율 하나로 이브는
달빛과 함께 미로를 걷는다

주막 촛불

내 아닌 나를 생각하며
잔을 부딪친다
잔속에 여울지는 삶의 통증도
벽화가 흔들흔들 취한 나를 일으켜
함께 춤추자며 유혹한다
목젖을 타고 내리는
하루의 일상들이
헝클어진 매듭으로 나를
압박해 오는 자정쯤
등 뒤에서 내 아닌
또 다른 이순의 나이를 짐진
내가 보인다
겨울바람에 비틀비틀 불꽃이 춤추는
21세기의 원형 안에서
주막집의 밤은 아직도 요지부동인데
요란하게 술잔을 신나게 부딪치며
오늘을 일깨워도
그 해답은 언제나 오리무중이다

웅덩이의 물의 꿈

몸부림 한번 쳐보지 못하고
신음조차 억울하게 손수 삼켜야 했다
온몸 결박당한 채 버려진 저 비련

음지에서나마 물의 물로
마음껏 신나게 흘러보았으며
찢겨진 낙엽이라도 배 태워주며
면목 한번 세워볼 텐데
손바닥만큼 얕은 골짜기 웅덩이 물에 섞여
더 넓은 세상으로 향한 꿈으로
아직도 생기 돋는데

억세게 주변을 유린하는
지형지물 때문에
그나마 조금씩 증발되는 몸으로 하늘에 오른다면
이 한세상 원망 않고
두고 두고 강을 보리
바다를 보리
더 큰 물들의 꿈을 보리

손녀

엄마, 나무가 간지러운가 봐
저렇게 훌쩍 큰 나무가 흔들리잖아
쑥스럽게 다 큰 나무가 말이야
아니야, 그건
바람이 불어서일 테지
아니, 나를 간지러봐
내 말이 맞잖아
간지러워 나도 이렇게 흔들리잖아
네 살 손녀는 이미 시인이다
벌써 다른 표현으로 형상을 자유로
저울질한다
보아, 매미는 에어컨이야
매미가 키 큰 나무에 매달려
여름을 울고 있으니
이렇게 시원하잖아
잔바람이 삼복을 달래고 있는 하오

제 3 부

보리 필 때면

못난 칼국수

어머니의 칼국수는 이를테면
볼품없는 못난 칼국수다
손가락처럼 가늘고 굵고 길이도 제각끔이다
어머니의 고집이 섞인 못난 칼국수는
이래저래 동네방네 이웃소문으로
어느덧 일미가 되고
그 맛 한번 본 사람들의 무성한 소문으로
더욱 맛자랑이 되어 일가친척의 자랑거리로 우뚝서는데
배고프고 고단한 시절의 추억이 흠뻑 담긴
어머니의 칼국수는 지금은 맛볼 수 없다
하늘나라에서 검정치마자락으로
지금도 홍두깨 큰 몽둥이로 자식사랑으로 빚고 있을까
이래저래 어머니의 칼국수를 맛본 날들을 셈해 보며
더욱 사랑이 되는 이 하루
거울을 보며 어머니 때의 초로의 나이를 만진다
지금도 어머니는 하늘나라에서 못난 칼국수를 빚고 계실까

조업

선교류 위 불덩어리
철판마저 녹일 듯
바다를 삼키는 기관소리
머리마저 어질하다
선체가 까마득한 바다밑
어군 따라 뱃길 긋고
비행하는 용광로의 열기
저 홀로 사막 건너던 여행자가 이랬을까
와이어 로프에 매달린
후리판의 이 소용돌이로
함께 떠가는 갈매기떼들
먼 시야에는 하얀 백파현상인데
쾅쾅 쉬지 않는 엔진소리 안으로
기어이 꿈 하나 맴돈다
만선 모두들 만선의 꿈 하나가
심장을 삼킨다

백목련

꽃잎을 보고 있노라면
현기증이 난다
그 희디흰 맑고 정제된
봉오리마다
인연 하나씩 가진 듯 아린
저- 순결한 미소

차라리
눈물 쏟고 돌아설까 싶을 만큼
향기롭게 돋는 속살
다시 보면
그윽한 기품과 매무새
마디마디 신비롭게 돋는
청순한 꽃잎들의 소리

새벽 봄비

아직도 긴 겨울
하늘 끝에 매어달린
아슬한 고드름
그 무게 감내하며
세상으로 달려온 선물

새파란 입술
움츠린 가슴 털고
반겨줄 곳으로
위성따라 내려와
숲과 새싹들 일제히
움트게 하는

온 세상의 환호로
두 손 들어 세상 곳곳에
자비 한아름의
– 축복처럼 내리는 꽃비

그 어머니

어릴 적 아주 어릴 때 하늘 올려다보며 어머니의 손잡고 폴짝폴짝 뜀박질하다 뒤돌아보면 함박웃음으로 함께 따라오시던 지극한 어머니의 사랑 저만치 뛰었다 곧장 어머니 품속으로 뛰어들 때면 볼에 입맞춤하며 '내새끼' 하고 꼬옥 끌어안던 어머니 그 어머니 몇 년 전 천륜이듯 식구들 새삼 다독이며 눈시울 붉게 하늘나라로 가셨습니다 지금은 두고두고 그 어머니 보고 싶어 무덤 베고 별을 만난 어릴 적 동화를 듣고 싶었습니다 못다한 이야기 어리광도 부리며 환하게 웃던 그 모습의 어머니 한번이라도 뵈오면 여한이 없을 것 같습니다 내가 필요할 때 항상 그 자리에서 언제나 나를 두고두고 지켜주시던 언제나 곱상하던 그 어머니의 당찬 모습과 한없이 유순하던 당신 언제나 내게는 하늘과 같은 빛과 영광이었습니다

기다린 소리

어둠의 옷깃을 따라
간신히 올라선 꽃봉우리
적막이 어둠에 갇혀
주위마저 읽을 수 없는 밤
바람소리마저 정체된 순간
쭈뼛쭈뼛 머릿결 일어서는데

소리 찾는 귀는 이미 지쳐 있고
살아있는 모든 것들은
말없는 고요 속에
내일의 의미를 인도하는데
어디서 온전한 희망 하나 들을까
어둠의 하늘 한 자락 근사하게 열어볼까

가까운 곳의 달빛 소리
먼 곳의 별빛소리
아직도 지상에서는
긴장한 적요를 건너는 밤

가로등

태양 아래서 침묵으로 일관하던 옹고집
입 앙다물고
젖은 솜이불처럼 밀려오는 어둠
온갖 오염과 소음을 영상처럼 기억하면서
그 자리에 바보키다리로 서서
오가는 사람들이 이정표로
낮과 밤을 기리며
하루를 지키는 자존심

달빛

연꽃잎 사이 떨어진 초승달
파아란 입술로 떨고 있는 연당지의 잔물결
꽃잎마저 기역자 날갯짓으로 움츠린 밤
가령 불행의 그녀를 구원하려 위로와 안녕을 빌며
흐느끼는 님의 볼에 입맞춤하면
가슴이 뜨거워질까

깊어가는 가을밤
공간 하나의 의미로 세월을 읽는다
빨간 언덕 위의 집 그림처럼 서있고
건져올린 만월의 달덩이
울타리 넘어 기쁨 주는 그런 집

창가에 내어달아
윈누리에 오고가며 빛이 되는
그대 고독의 심오한 깊이
어루만지며 위로해 주는
그런 청아한 달빛 말이지

파도는 우체부

밀려오는 파도 끝자락에
악착스레 매달린 엽서 한장
이국땅 라스팔마스에서
적당히 햇볕 그을린 보조개가 일품인
그 여인의 소식
단박 뛰어들어서 덥석 받아들고
파도에 넙죽 큰절하며
답장을 꽝 찍는다

이내 썰물 끝에 묶어서 그녀에게 띄운다
그리워서 몇 해를 오대양으로 떠돈다고
정녕 보고파 눈이 손실되어
그대 볼 수 없다면
열 개의 눈으로 추억으로도 건져보며
귀 열어 그대 소식 환청으로도 들으리
꿈속의 생시처럼
생시속의 꿈처럼

보리 필 때면

아주 어릴 때
보리가 겨우 몇 뼘씩이나 자랐을까
살금살금 눈 오는 저녁 어스름
먼 마을에서는 개 짖는 소리와
저녁 열기가 막 피어오를 때
그 보리밭에 앉아 마을을 바라보며
들킬세라 키를 잔뜩 낮추며 똥을 누었다

세월 지나고
집들이 거나하게 들어선 지금
이맘때쯤이면 생각이 난다
내가 눈 똥을 먹고 자란
그 보리를 누가 먹었을까
그 자리에는 누가 집짓고 사남

쑥스럽고 미안하기도 하고
재미있어
손 피리를 불며 불며 지나는 그 언덕길

항구와의 이별

얼마나 오래간만인가
파도의 공격에서 겨우 벗어나 뭍 냄새를 맡는다
지면이 흔들흔들 익숙하지 못한 걸음걸음
힐끔힐끔 곁눈질로 세상 눈치를 본다
마치 처음 와본 지구의 외계인같이
마술 같은 조명들 편하지 않은 광경
에로틱한 여인의 웃음이 오염으로 보일까
고장난 컴퍼스는 온종일 어리둥절한데
어둑한 조명 빠른 음악이 부딪히는
벽속의 부나비들
무대는 벌거벗은 여인의 국적불명의 춤
곡선 아래 음부가 홍시처럼 익었다
쾅 파도가 배를 삼킨다
잠수함처럼 심해에 숨었다 솟아오르고
갑판 위 선원들은 방향감각을 잃고 고기처럼 떠다닌다
슬며시 자리한 조각 미녀 스트립
여러 잔의 위스키가 부닥치고
익은 홍시가 입을 벌린다
"저와 밤을 함께 하실래요?" 치아가 아름답다
밖에는 해풍이 깨어나 기지개를 펴고
등대불이 바보 바보하고 뒤통수를 때리는 새벽 무렵

현실세계

큰스님들은 자꾸만
버리고 내려놓으면 깨달음을 얻는다는데

오오 수많이 생략된
우리들의 삶
내게 남은 찌꺼기와 독소들
잔뜩 독기 오른 냄새로 오염되고 부패된 몸 어쩌나
오만가지 생각으로 어리둥절한데
순간 섬광처럼 번뜩이는 이승
죽을 각오하면 무엇인들 못하리

용케도 내 마음을 읽고
더욱 정갈하게 간수한다 해도
아직도 서늘한 용심을 겨냥한
이 세상을 살기 위한 몸부림 어쩔거나

아무리 버리고 내려놓는다 해도
인간으로 수명 다할 한 인생
오늘도 잃어버린 나를 찾아 헤매는
먼 꿈속의 나를 미리 들여다보다

운수대통

까치가 날아들었다 아파트에
옆집 난간을 뛰어올라
고개 들어 한참을 서성이더니
정확하게 한 계단 한 층씩 뛰어오른다
어림짐작으로 계면쩍게
찍찍 폴짝 한 층 또 한 층을 잘도 오른다

가만히 보니
이놈은 나를 계속 째려보며
무섬증도 모른다
정확히 27층 맨 꼭대기에 올라
나를 향해 눈을 한번 흘기듯이
포르르 세상 밖을 난다
또 한번의 비상으로 우주 밖을 난다
오늘은 운수대통하려나

칼 하나가

잘 벼린 칼 하나 놓여 있다
무서워라
누군가 명령할 지시에 따라
피를 묻힐 칼

무섭다 이후의 순간은 도무지 알 수 없지만
복종을 위해 자기를 유린해야
값어치를 지니는 칼
일각의 숨소리 가쁜 그 시각
그는 무엇을 생각하고 있을까

심장을 정조준한 그의 앙금이
가슴을 할퀸다
시퍼런 날이 선 칼이 지키는 서늘한 공간
탄생을 원망하며
지금도 아프게 아프게 울고 있는 칼

개나리

맨처음의 봄의 전령처럼
아이들 장난기 같은 웃음으로
온 거리에 휩쓸리는 노랑무리들
아직 언 땅 위의 꽃얼음의
새촘한 봄을 서둘러 깨우며
꼬맹이의 온갖 수다와 재롱처럼
노오란 언어로 왼종일 수화하며
근처의 함박 같은 웃음 한아름으로
토실한 가지마다 얹힌
봄의 전령 노랑무리들

올 한해

올 한해도 떠나려 하네
숱한 영상들 남기고
태양과 별빛과 사랑과 미움도 버리고
새로운 이상의 나래를 향해
못다한 약속도 버리고
저 순간을 멀어지는 기적처럼
소리소문 없이 떠나가려 하네

긴히 할 말씀도 삶의 영광도
나누어서 더욱 평안한 희망도 버리고
흔적도 자취도 없이
올 한해도 그렇게 수심처럼 무작정 떠나려 하네

제 4 부

한 세월

잊은 세월

산을 오르는데

갑자기 숨이 차고 어지러워

배낭에 매어달린 무게가 주체스러워

스얼쩍 돌아보니

어느덧

내 나이더라

한 세월

아까운 시간들은
한 비련처럼 꽃봉오리 사위듯 진다
아무렴 목숨처럼 집착해도
기다려 주지 않는 시간
거울 안으로 지극히 나를 들여다보면

모든 것은 긴장 속에서
아득한 몸부림으로 온다

오늘도 뭇시선이 뛰어다니는
풍경 아래서
하릴없는 시간들을 거느리며
이쪽과 저쪽에서
나를 부르는 소릴 듣는다

모든 것은 긴장 속에서
나뉘어지고
제각끔 소리의 임자를 읽고 있다
순수를 겨냥한 처음의 탄생처럼
나의 소리는 어디쯤 멀어지고 있을까

태풍의 진로

광녀의 요기다
치부를 드러낸 채
온천지를 유린하는
저 악마 같은 악다구니
남쪽 끝 한반도의 밑구멍을
찢어놓는가 하면
바람개비처럼 춤추던 배
갯바위에 무리로 처박아놓고
머리째 뽑힌
저 가로수의 비명 듣고도
멈추지 않는 저 광란
이 지구를 박살내어 끝장이라도 낼듯
광란하는 저 괴기로
왼종일 살아있는 모든 것도 숨죽이며
저승처럼 자기를 은폐 중이다

꽃샘추위

유난히 칼날같은 채찍으로
온세상 냉동시켜 혈류를 멈추게 하던
복면 저승사자가 서둘러 떠날 채비를 하네
얼마나 많은 날들을
칼바람으로 목청껏 울며불며
세상을 할퀴더니
소리 흔적 없이 몸체를 슬며시 감추더니
언젠가 시절 지나
꿈속에서도 차마 대면할까 두려워
사람들은
눈을 빼앗기고 귀를 빼앗기고
다시는 처절한 그 고통 수반하지 않으려
대문마다 입춘대길로
그의 침노를 막으려 분주한 이른 봄

간이역

중앙역 아래
종일 장관을 이루던 밀물들과
숱한 발자국들이 이미 잠든 시각
가끔 찾아주는 발걸음들을 격려하며
등불을 지키는 역무원
그리고
고요로 지키는 심심한 시그널
그 풍경 아래
쓸쓸한 여행가의
오아시스가 되는 외등 하나 허리에 두고
오늘도 철로는
그렇게 한 세상의
작은 역사의 뿌리처럼
풍경으로 물들고 있는
경부선 어디쯤

노을

마악 산을 넘고 있는
빠알간 노을을 본다

능금빛 알몸으로
근처의 숲과 나무들과
하루를 마감하며
거나한 취기로 온몸 뒤틀며
이별의 순간을 가진다

능선이며 근처의 산사며
여울물소리 깊은 정적과
마지막 거친 호흡을 나누며
이윽고 광대같이
이 산 저 산 기슭을 헤매며
내일의 여명을 꿈꾸는

능금빛 알몸의 눈부신 역광
하루의 일몰로
그대 면전에서 지다

새벽 카페

빨간 메니큐어의 손으로
분위기 있게 담배를 물고 있는 여인 곁으로
또 하나의 여인이 빗장한 다리로
유혹처럼 담배연기를 내뿜고 있다
오, 어디 가나 요즈음은 여인천하다
잔뜩 주눅이 든 창백한 청년 하나
아쉬움 가득한 모습으로 왜소해 보인다
중년들은 삼삼오오 모여서 세월을 시국을 씹으며
잔뜩 독기 오른 잔을 부딪치고
혼란한 하루 비어있는 시간이
가슴에 멍울이 되는 새벽
그래 물고 씹고 태워라
독기 오른 한 비애처럼
모두가 흐물흐물 실성한 듯한 새벽
그래도 건강한 달 하나
새벽 창문을 슬며시 엿보며
시름없이 지고 있는 광복로의
취기 어린 삼경

바다의 색깔

밖에는
검정 외투를 잔뜩 걸치고
안쪽 품에도 매무새 파아란 옷으로 치장하고
더욱 깊은 곳에는
에메랄드빛 속살 내밀히 감추고
종일 출렁거리는 긴밀한 밀회 같은 것
참으로 오리무중의
그 넓고 깊은 바다의 속셈을 누가 알까

술친구

늦은 시각 혼자 마시는 술은 추위가 우선 친구지
주점의 낡은 문을 밀고 들어설 때
끼익거리는 소리는 이미 근사한 권주가지
혼자 따르는 주전자에
슬며시 고독이 자리하고
조오는 주모는 새색시처럼 가만히 꿈속인데
잠시 후 끼익거리며 등뒤로 입장하는
또다른 손님
매무새 수더분한 여인 하나
혼자 술을 홀짝이고 있다
이미 서로의 분위기 속을
솔솔 거닐고 있는 이야기들이 무르익을 즈음
이미 창밖엔 무등 태운 햇님이
분위기를 깬다

그 바다

저 끝 수평선까지
들끓는 가마솥
점 하나로 기우뚱
거센 파도 맞은 생쥐처럼
밀려온 바위덩이
뱃전을 피멍으로 멍들이는
온통 백파세상
솟구치는 하얀 파도 무리
검은 구름에 매어달린 독기어린 아우성

끌어올린 끝자루
쏟아낸 만선의 꿈은
암초에 파편 맞은
한갓 찢어진 꿈이었나
모두들 구겨진 표정으로
가슴 속 동전 몇 닢 만져보는
만리 밖 바다
약속 없는 독재자 오만한 저 바다
만선의 꿈은 결코 저 수평선의 끝인가

*끝자루 : 그물의 끝, 어획물이 가두어진 곳

봄, 그림 B

겨울이 풀린 개울가에서
물살 쓸리는 쪽으로
아지랑이처럼 앉아있는 이로의 여인아

웃는 듯 우는 듯 말이 없는 오후를 버리고
나붓대는 근처의 풀들을 보며
푸른 시선으로 일찍 온 봄을 만지고 있는
개울의 여인

소문 없이 몇 개의 풀꽃을 피우는 들녘
오오 봄을 물고 있는 공중의 새들
일제히 하늘의 꽃구름과 어울려
몇 마장 건너 동산의 무지개로 우뚝 서는 하오

가을과 겨울 사이

이 가을에 가슴 위로 떨어지는
낙엽들을 보며
겨울을 미리 읽는다
길은 비워 있고
비켜가는 길 위로
남으로 달려가는
불타는 능선들의 무리
한 켠엔 이미 겨울옷을 입고
눈보라의 산장을 기다릴
그대 깨어있는 꿈속으로
오랜 얘기 저물도록
마주하고 있는 밤
그대를 지키며
새록새록 잠들 한밤을

빗속의 상념

비가 온다
오늘은 이미 추억이 된 이야기들을 만지며
회상에 잠긴다
그때 그 시절에 왕성하게 나를 채근했던 푸름과
스스로 무너졌던 한 시절의 비애도
나이테 한참 지난 지금 별것 아니라 치부해도

오늘은 비 내리는 창가에서 모두들 애매한 그리움이 되는데
반전의 기회로도 삼을 순간을
실기로 잃어버린 한 세월도
지금 내 안을 조용히 마무리할 수 있는 연륜도
빗속에 젖고 있는 시각
젊은 날 그 난간에 기대 오는 비를 바라보며
한 계단씩 오르는 꿈을 바라보았지
오늘은 사소한 얘기도 비가 되는데

비는 이제 도심을 점령하고
아파트 창가에서 그 시절의
그림자로 나이칸큼 멀어지다

난분

그리움이 오랠수록
참사랑이 되는가
한세상 못 잊을 의미로 생성되는 그리움
창곁에 순결한 마음과
정성으로
오오래 간직한 난분 하나
보일듯 말듯
먼듯 가까운듯
설레이는 한 이별처럼
아침이면 부활하는 촉수들
너와 나의
맨처음의 인연 같은
애잔한 그리움처럼

집 나간 여인

연사흘 봄비가 내린다
가슴을 텅 비워놓고
지난 겨울에 홀연히 떠난
그가 이제 사무치게 가슴을 파고든다
옆집 담장 넘어
가만가만 처마 끝부터 차례로 자리한다
앞산 봉우리에도 뒷산 개울가에도
사뿐히 치맛자락을 흔들어 놓는다
어느덧 마중 나온 뭇사람들의 표정처럼
그 감촉이 여인의 입술처럼 달디달다
그녀를 힘껏 쓸어안았다
탄력 있는 몸매가 손끝에 아찔하다
초록의 향기는 이미 감미로운 봄이다

인내

우리 동네 길목 온통 숲을 이룬 거목 한 그루
잘생긴 얼굴에 믿음직스런 모습
늘 이웃의 양지와 그늘이 되고 사랑받는 늠름한 모습
한때는 고통과 분노로
뿌리째 뽑혀야 한다는 속앓이로 불편했지만
인내로 극복한 온갖 수모로
저 홀로 나이테 더하며 홀로선 저 위용
동네의 지킴이로 옛사람과 함께하니
오직 현재의 역사가 감명으로 지켜주더라
아무도 시샘하지 않는 하늘 바라보기로
한 시절의 잡티같은 기억 물리치고
더욱 울울창창한 기품으로 우뚝선
우리의 지킴이
마을의 수호신

제 5 부

미친 바다

산을 보다

길게 누워 알맞은 햇살을 받고
늦은 잠 속의
당신의 등을 밟고 오르려니
미안쩍어 발걸음이 제자리다
무시로 지팡이 끝으로
맨살을 찔러도 아직도 동면인 걸
숱한 발자국들이 넘나들어도
긴 하품으로 깨어날 줄 모르는
오직 묵언으로 제자리만 지킬 뿐
일체의 언어들을 생략하며
언제나 낮은 자세로
당신의 피와 살을 내어주고 있는 보시
당신이 가꾼
오늘 눈시울을 붉힌 단풍들의 눈물을 보다

선로

손 내밀면 닿을 수 있는 간격 사이
언제나 귀 열고 안부 묻는 사이
눈 부릅뜨고
안전 위험 서로 알려주며
항상 그대 생각이 되어 떠나는 동행

결코 만날 수 없는 운명
날 새고 저물어도
결코 서로를 이기지 못하는 집념
영원히 나란히로 가는 두 생각
우울한 한평생

순간의

번쩍
순간의 번개처럼 스치는 영상
현재의 생각을 단박에 물리친
가슴 안이 하얗게 비어있다
땀이 걸레처럼 흐른다

번쩍
두 눈이 커다랗게 찢어진다
전신이 충혈되어 솟구치는
비명처럼 무서운 밤

그 정체된 일순간의 망각 속에
어디선가
또 다른 낯선 세계가
탄생하고 있겠다

불안

이따금 이미 잊은 기억들이
꿈이듯 생시이듯 되살아오는 날
그것도 시작과 끝이 명료하지 않은 과거들이
조심스럽게 시간의 여분으로
나를 끊임없이 당길 때
어쩔 수 없이 그 속에서
내 귀중한 시간의 낭비는 억압되고
소중한 과거는 불시에 잊혀지고
이를테면 지난 이야기의 시작과
뿌리를 기억 못하여
그 해답을 기어이 얻지 못해 낭패할 때
왼밤을 불면으로 지새우며
물에 빠진 생쥐처럼
늦잠을 일으킬 새벽 무렵의 통증 깊은 날

변명을 위한

마차 바퀴 아래 개미의 울음소리
찢어진 거미줄에 걸려 춤추는 꽃잠자리
천리 밖의 먹이를 훔쳐보는 표독한 독수리
제자리에서만 맴도는 옛 시절 술꾼들 소리
울다 웃다 춤추다 달려가는 비명의 천리
투전 한번에 천금을 잃은 황부자의 동냥거리

어떤 소통

해마다 4월이면 우리 회원들 소풍가는 날
한마음 한뜻으로 즐거워라
수영강 상류하천 회동수원지 둘레길
유아처럼 재잘대며 더불어 소풍가는 길
울긋불긋 옷차림 갖가지 치장과 매무새로
자연의 지킴이로 서로를 읽고
화안한 미소로 화답하는
사월 소풍 가는 길
푯말을 든 여학생도 정화를 위해
집게, 호미, 갈퀴를 든 회원들 모두
서로를 다독이며 함께한 하루해를 칭찬하며
가슴 뿌듯한 작은 애국으로 위로받는 날
수십여 성상 함께하는
자연 지킴이의 봉사활동
어느덧 강변에 어리우는 내 모습
주름 깊은 세월의 나이테를 읽는 노을 무렵
오늘도 건강한 마음 안에 싹트는
작은 애국 올곧은 나라 사랑

혼란

면밀히 숫자를 헤아린 그 끝
답은 마지막 숫자일 뿐
똥줄로 거미집을 짓고 그리고
찢어진 그물코가 흘러내리면
그 답을 확신으로 구원하기다
애벌레가 겨우 발자국 남기며
가지를 건너면 무엇이 보일까
빈 항아리가 깨어질 때
소리낸들 소리 이외에
이미 원형의 본질은 없는 것
찢어진 논바닥을 농부가 쳐다본들
바짝 마른 민얼굴뿐
흘러내리는 흙벽들
정성으로 손으로 마무리한들 온전하리
모든 것은 스스로 그 해답을 가지고 있을 뿐이다
자기에게만 올곧은 해법을
그 안에서만 해답을 구할지다

미친 바다

누가 이놈의 사타구니를 설건드렸나
심층에서 결박당한 몸 뒤틀고 으박질러
시뻘건 피로 제 몸 학대하는가
종일 발광하며 거품을 겨워내는데
파도는 엉너리로 계속 솟구치는데
대성호를 쓰러트릴 핵주먹 허리케인
조타실 창을 박살내듯
엊그제부터 험상궂은 얼굴로 살기를 띤다
종일 이물을 들었다 놨다 야단법석이다
요동하는 대성호는 땀을 쏟고
피를 간추리는 긴장으로
오, 한 잎 낙엽으로 요동치는데
선체를 따라 비행하는 갈매기들 무리
뱃전을 흔드는 우레와 번개소리
쉴 새 없이 마구 퍼붓는 빗줄기로
한치 앞도 안 보이는데
누가 발정난 이놈을 건드렸나
철면피 같은 아비규환으로
배는 자꾸만 북극성으로 귀신처럼 나아가는데

*이물 : 선체의 뒤 선미

피항

약 먹은 짐승이 되어 어리둥절 종일 헤매다
뱃전에 나뒹굴어지기도 하고
금세 잠자는 어린아이가 되기도 하는
도무지 그 깊은 곳의 물질을 모르는 바다
그가 비로소 하품에서 깨어난다
산발한 머리칼 격하게 풀어뜨리고
천지를 삼켜버릴 듯 요동댄다
선원들은 그물막을 끌어올려
도망치듯 전속으로 포구를 향하고
조타기를 꽉 움켜쥐어도
제 몸조차 가누지 못할
황천 향해
레이더 영상에는 아직도 짙은 불연속선
S. O. S.를 연신 띄워도
답신은 지친 파도소리에 이내 잠기는데
대성호는 시방이라도
심해에 수장될 듯 처절한 몸부림으로
바다를 할퀴는데
등대불 하나 없는 심해가
왼종일 우렁우렁 울어 쌓는데

겨울밤의 귀갓길

노인네의 휜 허리처럼 미로의 골목길을 걷는다
겨울초입부터 다짐하던 맹세와 언약으로
결코 추위로 왜소해질 수 없다며
둔탁한 걸음걸음 무겁게 내어딛는다
사정없이 등을 떼미는
늦은 삼경의 매서운 칼바람
고장난 가로등 아래 취객 하나
화석처럼 얼어붙어 있는데
수십여 성상의 매서운 칼바람을 물리치며
지금 이 시각 지구 반대편에선
봄마중하는 꽃들로
화안한 미소 머금고 있는
분주한 사람들로 한창이겠다

여름 고독

지하 영혼 얼음에 묻혀
산속 두더지 은근한 토굴 속
계곡에 고인 샘도 숨죽었네

복더위 철창엔 매운 땀 묻어나고
천지를 열광한 태양도 비켜간 자리
습한 바닥의 벌레들
걸음마도 아니하는데
레미콘이 토해낸 한증막 같은 바닥에
죽부인과 뒹굴어도
서늘함조차 기대할 수 없는 날

창은 모로 서있고 빛은 소리 없이 굴절되고
북편의 조그만 철창
한寒 이불과 가두어져
함께 벗하고 있는 망중한

고장난 화면

티브이 화면을 조심스럽게 켠다
내일 비가 오고 바람 분다고 때로는 가끔 맑을 수도 있다고
'오면 맞고 안 오면 그만이란 소리 아닌가'
성장률이 2.7%라고 그러나 주변국의 영향에 조금 다를 수 있다고
요즘 뉴스는 두루말이식 화장지모양 잘 풀리면 그만이고
틀리면 말구 식이다

사건사고 소식을 한참 구시렁거리다
나서는 안 된다고 사고라고 극구 변명하다
어제의 뉴스의 정정사고를 몇개나 내보내고도
미안쩍은 마음도 없다
가끔은 정치인의 욕설과 막말도 여과 없이 중개하고
애매모호한 고위층의 말은
얼렁뚱땅 편집해 넘겨버린다
정말 확 돌아버리겠다
요즈음은 그래도 강심장이라야
그나마 평균수명은 유지한다나

파도

해와 별을 마중하며
바람의 항로 따라
헤아릴 수 없는 시간을 헤매며
나침판 하나로 목숨을 구걸하는
바다의 사나이들과 파도무리들
피 터지고 살 찢어지고
머리 깨지고 붉은피톨 토하며
지리멸렬한 하루를
서러워하며 억겁을 살더라
땅끝 지나 수평선
수평선 지나 땅끝까지

주인의 자리에

빗장을 걸어잠그고 주종인 양
자리한 튼실한 뿌리가
무시로 그늘 만든 잎을 시비하고
옹벽으로 서서 하늘높이를
제 몸뚱이처럼 유린하는데
어제 갓 피어나는 여린 속살들
위장한 자기과시로
춤사위 한창인데
그의 오만 뒤에 감춰진
현재와 미래를
이미 읽고 있는 주인의
미소를 알기나 할까
무수한 세월 흘러 오늘의
오늘의 임자로 탄생한 한 세월을

겨울비

바람난 누이처럼 황망히 왔다가
이내 지면에 스며들
흔적도 자취도 없는
별 볼일 없는 자존심

외투라도 껴입고 천천히
이 겨울의 풍경을 걸어볼 일이지
왜 이리도 싹둑싹둑
끊어져 내리나
바람난 누이의 뒤가 구린 하소연처럼!

요즈음 세상

치밀한 눈으로 세상을 바라보면 요지경이다
대강 대강 주섬거리며
시간을 재촉하면 더욱 살벌해지는 이 세상
내일을 미리 걱정하면
더욱 복잡해지는 이 하루
오늘도 시간 속에서
계속하는 비망록의 하루살이
무거운 발걸음을 놓는
내가 아프다

| 해 설 |

– 유기환의 시세계

호쾌한 발상과 전개, 그리고 정감 어린 서정시편

시인 최 창 도

– 유기환의 시세계 –

호쾌한 발상과 전개, 그리고 정감 어린 서정시편

시인 최 창 도

시는 결코 어떤 경우에든 틀 속의 안위에 만족해서는 안 된다. 하나의 기법과 기교를 인식하더라도 보다 유효하고 진보된 촉매로써 정성의 합일에서 오는 가시거리를 넓히고 그 뜻과 의미의 효용가치를 일별하며 시인의 일관된 내성의 시적 화자는 그 시인만이 갖는 표준의 단일성을 확보하는 데 개성과 독창성도 유지된다고 본다. 이런 면에서 본다면 시는 곧 자아에서부터 출발한다고 볼 수 있겠다.

유기환 시인은 그의 독창성을 시언어로써 구상화시킨다. 직선적인 감성미를 투명하게 의미 전달함으로써 과정 속에 내포되었던 이질감을 극복하는 신선한 충격이 되고 있다.

이제 유기환 시인의 시들을 감상해 보자.

길은
은혜입니다
한정 없는 축복입니다
내가 나아가고
돌아올 수 있는 길은

늘 물음표로
어쩌면 나를 증오할지 모릅니다

현재의 인식과 세상 보기는
목숨입니다
생生의 원천입니다

모두가 길에서 이루어지고
화답하고 미래를 위한 약속들
못 잊을 역사 아닙니까

한 세월 우리가 감사해야 할 근원들
아무도 모릅네다
모두가 길 위에서 생성되고 꽃 피고
길 위에서 여물어
먼- 후손들의 은혜와 축복이 되는
이 한결같은 물음을

———「인식과 세상 보기」 전문

우리 인간들은 늘 이율배반적인 삶 속에서 자신을 투영해 보는 버릇이 있다. 현존의 자기와 스스로 맑고 정성스럽게 가꾼 한 세월과 긍정적인 자기 면모로 다른 사람들과의 비교우위적인 자신의 삶을 대별시켜 보며 자신의 성숙도와 만족감, 그리고 더불어 이 사회와 함께하는 공존의 자부심을 갖는 것이다. 그러나 막상 다른 사람과의 삶의 가치관과 공유는 다들 우리가 인지하다시피 환경과 조건, 그리고 여건 등이 서로의 별리를 가지는 원인제공을 하는 것이다.

다시 말하자면 절대평가와 상대평가, 그리고 자신의 긍정적인 이기주의는 우리와 경쟁하는 사회와 초월주의의 이상과 근원이 되는 것은 어쩔 수 없는 인간만이 가지는 상황과 인식의 차이일 것이다. 이 시는 그런 의미에서 공감각적synesthetic의 미론으로 변화variation를 주고 있다.

하나의 절대적인 인식과 세상 보기에서 인생을 살아가는, 즉, 그 길을 어떻게 운용하느냐 따라 은혜와 축복도 올 수 있고 어쩌면 영원한 물음표로 증오로 되올 수 있다는 암시적 희망을 거느린다. 그리고 3연의 〈현재의 인식과 세상 보기를/ 목숨입니다/ 생의 원천입니다〉 하고 처절히 절규하고 있는 것이다. 그 모든 것이 '길' 에서 이루어진다는 것은 살아가는 인생을 은유 상징한 우리에게 가장 근거리에 있는 의문점을 시인은 다시 한번 재고하고 있는 것이다.

즉, 공시적共時的 효과의 길은 인생을 말함이다. 그리하여 길-인생-과 역사는 모름지기 우리 인간이 숙명처럼 거느리는 짐지고 가야할 삼위일체의 근본을 시인은 회자하고 있다. 4연에서 〈한 세월 우리가 감사해야 할 근원들/ 아무도 모릅네다/ 모두가 길 위에서 생성되고 꽃 피고/ 길 위에서 여물어/ 먼- 후손들의 은혜와 축복이 되는/ 이 한결같은 물음을〉은 시인의 현재와 연대, 그리고 역사를 묶어서 오래도록 우리가 결코 풀지못할 수수께끼인 현재의 사고로 본 대단원의 인식과 미래를 함묵하고 있는 세상 보기에 대해 하나의 영원한 수수께끼로 대미를 장식하고 있는 암시성으로 결구짓고 있다.

4연의 2행인 〈아무도 모릅네다〉는 게송체로 스스로 결구짓고 있는 역할을 제시함으로써 이 시의 내용적 수사미에 일미를 더하고 있다.

먼 산 위에서 보면
헝클어진 도심의 수많은 길
서로 숨바꼭질하며 미로처럼 시간을 건넌다
불확실성의 이 시대처럼 아슬아슬하게
닮은꼴로 어울린 길
서로의 억압처럼 주사위를 던져진 쪽으로
지친 하루를 짐지고
사람들은 계속 발걸음을 놓고

반쯤 기울어진 난간 위로 하루를 비켜간 시간들이
이 시각 가로수들처럼 흔들리고 있다
길은 길끼리 어울려 더욱 작고 큰 길을 만들지만
늘 불안한 하루의 중심에서 인내하고 있는 길

잘못 든 길은 언젠가 처음의 길로 탈바꿈해야
새로운 시작의 근원이 된다
오늘도 닮은꼴들의 길 위에서
서로의 운명처럼 서성이는 악다구니들
미로처럼 엉겨있는 정신들이
온전한 길둘이 이정표처럼 헤매이는 하루

———「길의 운수」 전문

이 시의 전체적인 이미지가 주는 화두는 어떤 일을 어떤 이유에서나 원인에서부터 실기했을 경우 우리는 처음의 원인으로부터 과정과 순서를 분명히 규명하고 원래의 취지와 목적을 찾아가서 다시 시작해야 하는 소모적인 시간적 압박과 논쟁으로부터 자유로울 수 없다는 것을 결구짓기 위함이다.

이 시의 모티브motive는 다시 말하자면 새로운 시간적 소모와 제약 속에서 처음부터의 다시 시작함을 손익의 계산을 떠나서 하나의 손실이요 시행착오요 시간적인 낭비란 개념에 주안점을 두고 있다. 첫연에서부터 전연을 압축 비약하는 노련한 시인의 소재를 재련하는 솜씨가 참으로 놀랍다. 첫연의 〈헝클어진 도심의 수많은 길〉〈닮은꼴로 어울린 길〉〈지친 하루를 짐지고/ 사람들은 계속 발걸음을 놓고〉에서 보듯 한번 잘못 길을 들여놓으면 나중에 다시 수습할 수 없는 지경의 오리무중에서 해매는 처음의 순서를 발군의 싯귀로 차분하게 수사하고 있는 시어들이 제각기 빼어난 감각을 지니고 있다.

상상력imagination을 극복한 보다 진실성에 접근한 이 시는 의인화personitication에 성공하고 있다고 보아진다. 그리고 마지막엔 〈잘못 든 길은 언젠가 처음의 길로 탈바꿈해야/ 새로운 시작의 근원이 된다/ 오늘도 닮은꼴들의 길 위에서/ 서로의 운명처럼 서성이는 악다구니들/ 미로처럼 엉겨있는 정신들이/ 온전한 길들이 이정표처럼 찾아 헤매이는 하루〉에서 우리는 잘못된 관행이나 일순간의 실수로 종국에는 현재를 망각하고 처음의 순서로 차례를 찾아가는 간명한 뜻과 이유를 발견하게 되는 것이다.

이 시는 교훈적인 주지시로 감정에 치우치지 않고 과장법 없이 현실 인식을 차분히 유화하고 있는 시로 그 내용미를 우리들 모두가 인지할 수 있다는 점에서 옷깃을 여미게 하는 시이다. 순간의 초월주의로 평생을 후회하는 실기의 세월을 보다 돈독히 하고 치밀한 계산과 하나의 바탕과 여러 구성적 요건을 긴밀히 한 다음 모든 것의 시작과 원인을 이룰 수 있다는 잠언적 형태의 생활시로 분류할 만하다. 시인의 예리한 내용적 수사의 안목과 높은 통찰력을 높이 사고 싶다.

사랑은
몸살나게 서로 그리워하다

때로는 눈물로 이별하는 줄타기다

사랑은
아슬한 묘기로
순간을 모면하는
수수께끼 같은 물음표다

사랑은
너와 나를 의식하지 못하도록
서로를 꽁꽁 동여매는
신비의 마력이다

사랑은
반대쪽에 있어도
서로의 체온을 감지할 만큼
절대적이다

사랑은

———「사랑은」 전문

우리가 보통 이성적인 감정과 감성 안에 내재된 그리움은 늘 사랑의 단초가 된다. 그 많은 남녀간의 표제어가 되는 사랑을 시인은 하나의 특징성을 가미한 새로운 차원으로 승화시키고 있다. 첫연의 〈사랑은 / 몸살나게 서로 그리워하다/ 때로는 눈물로 이별하는 줄타기다〉에서 보듯 시작과 마무리의 시행을 이분법하여 시를 감상하는 즐거움과 다음 시행을 유추하는 독자들에게 순간의 즐거움을 앞서주고 있다.

그리고 모든 연을 하나의 설명과 물음, 그리고 해답을 동시에 주는 시적 효과를 극대화하고 있는 시인의 신선한 시어 창출이 우선 눈부시다.

그리고 각 연마다 표기한 시행들과 서로를 유기적으로 동화시켜주는 시적 마력은 시인의 높은 안목에서 오는 역량으로 한결같이 첫연에 '사랑'을 놓음으로써 동어반복어 형식으로 지속적인 사랑의 의미를 부여하고 있다. 하나의 수미쌍관 관계의 기법을 도입하여 역동적dynamic 암시 효과도 거느린다.

비교적 쉬운 시어들로 발상과 구성의 전환을 참신성에 표준을 둔 독창성 있는 시어로 꾸미고 공감각적 의미로 승화시키는 이 시는 전연의 은유metaphor가 더욱 빛나는 의미적 요소로 귀결짓고 있다.

여기서 우선 주목할 것은 각 연마다 조율하고 다음 연으로 연계된 신선한 시어들의 배려가 눈부시다는 점이다.

그것은 보편적인 시어 창출로부터 어떤 특징성을 가미한 언어 재련에 심도있는 깊이의 시인의 내공이 한몫했다고 보아진다. 그리고 맨첫연의 〈사랑은〉, 그리고 맨끝연의 〈사랑은〉은 서로 배려깊은 앙상블로 사랑을 더욱 빛내고 발효하는 아름다움의 극치미를 이끌어주는 서로의 상관관계를 보완함으로써 더욱 이 시의 품격을 높이고 있다.

자칫 평범한 애정시가 될뻔한 표제어를 품위있고 구성적 근원이 더욱 참신성을 유지하며 더욱 효과적인 시로 거듭나게 한 것은 시인이 평소에 가지는 시적 높이와 깊이의 역량의 소산일 것이다.

빈 의자 하나가 고뇌하고 있다

시간을 세월을 분수껏 살았지만

자기 하나를 갈무리해 줄 사람 하나 없는
독백의 시간
북쪽 공간 노인의 자화상 아래 쓸쓸한 그늘로 있다
아직도 주인 없는 냉기의 방 모서리
서쪽으로만 창문을 홀로이 하고
방안을 하릴없이 거니는 먼지 하나 하나를 세며
애써 우울은 달래고 있다

앞을 바라볼 수 없고
위와 옆모서리도 가늠할 수 없는 빈 방의 의자 하나가 시간을 부축하며
종일 저 혼자 현재를 묻고 대답하며 주인 없는 방을 지키고 있다
늘 물음표로 남겨놓은 이야기를 뒤로
하루를 수줍게 저물고 있다

———「빈 방의 의자」 전문

이 세상에 있는 모든 것들은 생물과 무생물로 나뉜다. 즉 살아 있는 것과 죽어 있는 것으로 간명하게 말할 수 있겠다. 생물은 생각이 있고 뜻이 있고 자신을 갈무리할 수 있는 정신이 있는 것과 그냥 생명을 주지해도 자신이 아무 일도 스스로 할 수 없는 운명론적인 태생적 한계에서 삶을 부지하는 것으로 대별된다.

여기서의 〈빈 방의 의자〉가 주는 이미지image는 쓸쓸함과 외로움, 그리고 어쩔 수 없는 환경적 근원 속에서 자기를 맡길 수밖에 없는 현실적 상황을 고뇌하고 있다고 시인은 정신적 의미를 불어넣고 있다.

한때는 무성한 밀림에서 몸체를 키우며 환경적 근원으로 자

기 몫을 다한 그 나무가 이제 인간들에 의해 잘리고 목숨이 다하고 하나의 의자로의 용도로 홀로이 있는 그 환경적 고뇌를 시인은 절제된 시어의 탄력적 표현미로 놓치지 않고 보고 있다. 하나의 독백체monologue로 처절한 슬쓸함을 2연에서 〈북쪽 공간 노인의 자화상 아래 쓸쓸한 그늘로 있다/ 아직도 주인 없는 냉기의 방 모서리〉로 묘사하고 있다.

즉, 홀로이 한 고독과 한 노인의 자화상을 도입하여 하나의 일체감으로 요즈음 시대의 노인들의 처절한 삶을 하나의 소통으로 도모하려는 시인의 감각적 시어 구사가 놀랍다.

처절한 삶과 고독과 쓸쓸함은 이제 그 한계를 넘어 〈방안을 하릴없이 거니는 먼지 하나〉를 친구하며 암담한 현실적 고뇌로 상황의 수위를 높이고 있다. 즉, '고물의자'와 '노인'을 동일 선상에서 놓고 지금 사회생활의 사각지대에서 방황하는 치매 환자들이나 가족이 출근 후 홀로이 식물적인 인간상태로 죽지못해 살아가는 전국의 수많은 노령인구와, 가족들로부터 격리되고 일부 유기된 분들의 고독한 현장을 시인은 심도있는 배경과 언어 수사로 또다른 우리의 현대판의 삶을 적나라하게 고발하고 있는 시이다.

다시 말하자면 의자는 아무런 감정없이 그래도 쓸쓸히 자리를 지키지만 그 자리에조차 앉을 수 없는 늙고 피폐한 치매환자나 재생불가능한 식물적인 존재로 가족이 전부 나가고 다만 방안에서 그 순간을 자기 존재도 잊어버린 채 방황하는 이 시대의 고령화의 삶을 밀도있는 시어로 전반부 후반부를 대별하며 정신이 없는 의자와 정신은 있되 자신을 의식조차 판별하지 못하는 눈물겨운 이 시대의 화두인 노인상을 적나라하게 고발한 시이다.

어머니의 칼국수는 이를테면
볼품없는 못난 칼국수다
손가락처럼 가늘고 굵고 길이도 제각끔이다
어머니의 고집이 섞인 못난 칼국수는
이래저래 동네방네 이웃소문으로
어느덧 일미가 되고
그 맛 한번 본 사람들의 무성한 소문으로
더욱 맛자랑이 되어 일가친척의 자랑거리로 우뚝서는데
배고프고 고단한 시절의 추억이 흠뻑 담긴
어머니의 칼국수는 지금은 맛볼 수 없다
하늘나라에서 검정치마자락으로
지금도 홍두깨 큰 몽둥이로 자식사랑으로 빚고 있을까
이래저래 어머니의 칼국수를 맛본 날들을 셈해 보며
더욱 사랑이 되는 이 하루
거울을 보며 어머니 때의 초로의 나이를 만진다
지금도 어머니는 하늘나라에서 못난 칼국수를 빚고 계실까

———「못난 칼국수」 전문

모자지간 한평생을 살면서 어느덧 먼저 떠난 어머니를 기리는 모성애가 근간을 이루고 있는 회고적 의미의 시로 지금도 어머니 하면 가장 먼저 떠오르는 것이 〈못난 칼국수〉라고 명징 짓고 있다. 참말로 〈못난 칼국수〉가 아니라 집안의 웃어른들과 대가족제도 때문에 어서 삼시세끼의 식사를 마련해야 하는 어머니의 고뇌를 대변하고 있다.

정성스레 오랜 시간 차례와 시간을 지키며 멋있게 칼국수를 빚을 수 있겠지만 많은 식솔들의 한 끼의 식사를 마련해야 할 어머니의 바쁜 일상과 어른들을 섬기는 조신이 이 안에 숨어 있다. 우선 배고픔을 면해야 하니까 그래서 빨리 어서 당신의

식구들을 먹이느라 칼국수는 어느덧 〈못난 칼국수〉가 된 것을 시인은 지금쯤은 아마 알 것이다.

그러나 고르지 못한 면모와 굵은 칼국수는 어느덧 어머니표의 〈못난 칼국수〉의 닉네임이 되었다. 그 맛은 어디에 견주어도 결코 따를 수 없는 독특한 맛의 일미를 가진 것이다. 이 상징적 존재를 시인은 시각적 의미로 더욱 표징하고 있다. 우선 유기환 시인의 시는 군더더기가 없고 크고 넓고 호방하다. 아기자기한 모드나 익살을 더한 시어들을 양념처럼 첨가하지는 않는다. 유기환 시인은 우선 큰것에부터 공유하는 줄거리 안에서 밀접한 생활적 근거와 맨나중에 그의 손에서 빛날 긴밀한 보석 하나를 생산하듯 깊이와 높이의 시를 우직하게 쓰고 있다.

다시 말하자면 시에 있어서 적당한 말장난이나 치장이나 화려한 채색보다는 우선 큰것을 보고 그 안에서 생성되는 원인을 굵고 크게 회자하는 높이의 시를 쓰고 있다.

이 시는 처음의 발아적 생성의 발상부터 면밀한 전개와 여러 상황적 근거 그리고 과정을 축소한 의미론과 더불어 〈못난 칼국수〉로 명명짓고 대단원으로 가는 과정과 다양한 정황의 여러 사람들을 도입시킴으로써 모두가 인지하는 순차적 발효를 이끈 수사적 묘미가 참으로 빼어난다.

숙성 발효된 이 시의 결과론은 참으로 압권이다. 그 어머니 때의 나이와 현재 시인의 나이를 셈하며 어느덧 초로의 나이를 읽는 시인의 시적 운용의 묘미는 놀랍다. 하나의 점층법 형식으로 절정을 이끄는 시적 기법으로 운용의 묘를 더하는 것도 일미이거니와 맨결구의 〈지금도 어머니는 하늘나라에서 못난 칼국수를 빚고 계실까〉에서 못잊을 어머니사랑과 그 어머니와 함께하는 정신적 동류의식을 표징함으로써 더욱 깊은 모성애를 다시 한번 강조하는 시적 어머니를 재현하고 있어 전통적 안정미를 추구한 한국적 정서가 물씬한 시로 또 하나의 별미인 노스탤지어nostalgia를 상상하는 즐거움도 갖게 한다.

아주 어릴 때
보리가 겨우 몇 뼘씩이나 자랐을까
살금살금 눈 오는 저녁 어스름
먼 마을에서는 개 짖는 소리와
저녁 열기가 막 피어오를 때
그 보리밭에 앉아 마을을 바라보며
들킬세라 키를 잔뜩 낮추며 똥을 누었다

세월 지나고
집들이 거나하게 들어선 지금
이맘때쯤이면 생각이 난다
내가 눈 똥을 먹고 자란
그 보리를 누가 먹었을까
그 자리에는 누가 집짓고 사남

쑥스럽고 미안하기도 하고
재미있어
손 피리를 불며 불며 지나는 그 언덕길

———「보리 필 때면」 전문

이 시는 향토적 뿌리를 가미한 서정시요 해학적humor인 의미를 풍자sative 유화한 시이다. 우리 고유의 서정시를 보듯 편안한 마음으로 아무런 편견 없이 감상할 수 있는 넉넉함이 소롯이 담긴 시이다. 원래 시는 생각을 더한 어려움으로 그 주체를 일별하는 데 시간을 할애해서는 의미가 없다. 흔히들 시의 주지와 주체를 변모하는 시대에 따른 형이상학적인 콘텐츠 contents로 현대시를 접목시키려 하지만 이는 일부 실험시에서만 시도하는 형평성으로 치부될 뿐이다.

우리시의 뿌리는 서정적 발아에서 그 표준과 미래와 중심을 찾아야 한다. 이는 곧 이해하기 쉽고 보다 우리의 삶과 인간관계에서 연관지어지는 맑고 아름다운 혹은 미래지향적인 순수와 더불어 함께하는 공존의 사랑이 명시적으로 거론되어야만 순수영역의 서정시로 자리매김할 수 있다는 영원불멸의 원인을 알아야 할 것이다.

풍자와 해학이 전연을 지배하는 이 시는 동화처럼 경쾌하다. 소싯적 시절 시인이 겪은 철부지 시절의 한 회상적 근거를 초로의 나이가 들어 많이 변모한 이웃의 지형지물과 세월을 초월한 나이와 연대감을 셈해 보며 추억해 가는 과정을 밀도 있게 정밀한 시행들을 시의적절하게 배분하여 완성미의 극치를 도모하고 있다. 시는 우선 쉬워야 한다. 난해성과 모호성을 극복한 서로의 동질감과 이해와 공감, 더불어 함께하는 마음이 우선되어야 한다는 점이다. 그래서 흔히들 우리는 시를 노래라고 하지 않는가. 모처럼 마음과 뜻과 생각을 함께하며 유쾌한 명분을 가진 이 시는 누가 뭐래도 가편이다.

더구나 맨끝연 〈쑥스럽고 미안하기도 하고/ 재미있어/ 손피리를 불며 불며 지나는 그 언덕길〉에서 절정을 이룬 이 시는 마치 해학과 풍자의 교과서적인 시를 보듯 완벽한 시어와 적재적소에 도입한 시행들이 앙상블을 이루어 더없이 명쾌하다. 다시 한번 해설을 드리자면 옛날 청보리밭에 키를 낮추어서 가면서 간이 콩알만해져서 똥을 누던 그곳을 수십년이 지난 지금, 회상과 더불어 손피리를 불며 지나는 장면은 얼마나 청량하고 멋진가. 마치 서정시의 정수를 보듯 한 폭의 맑고 아름다운 수채화를 대하듯 청량한 마음을 생산하는 이 시는 단연 수작이다.

큰스님들은 자꾸만
버리고 내려놓으면 깨달음을 얻는다는데

오오 수많이 생략된
우리들의 삶
내게 남은 찌꺼기와 독소들
잔뜩 독기 오른 냄새로 오염되고 부패된 몸 어쩌나
오만가지 생각으로 어리둥절한데
순간 섬광처럼 번뜩이는 이승
죽을 각오하면 무엇인들 못하리

용케도 내 마음을 읽고
더욱 정갈하게 간수한다 해도
아직도 서늘한 용심을 겨냥한
이 세상을 살기 위한 몸부림 어쩔거나

아무리 버리고 내려놓는다 해도
인간으로 수명 다할 한 인생
오늘도 잃어버린 나를 찾아 헤매는
먼 꿈속의 나를 미리 들여다보다

———「현실세계」 전문

우리 모두가 지향하는 삶의 근원적인 자기성취도는 개인 의식구조와 이상과 함께 부단한 자기노력으로 성공적 마무리를 목표로 하는 여러 일들에 기인할 것이다. 성인이나 위인들이 가르쳐주는 삶과 우리가 현실적으로 도모하는 삶과는 하나의 커다란 깊이와 폭넓은 여러 인식적 상황을 두고 고민하게 될 것이기 때문이다. 갖은 변별력으로 삶을 도모하는 우리 인간들에게 처한 여러 현실적 상호의존적인 대안에 관한 고민을 투영한 시로 보면 되겠다.

1, 2연은 현재 처한 여러 사고와 긍정적인 면모로 자기근거를 모색하는 과정을, 3, 4연은 현실세계에서 그 어떤 뜻과 이해를 구한다 해도 처절한 삶을 위한 현실적 상황을 재고한 모범답안을 구하지 못한 심리묘사로 홀로 헤매는 안정되지 못하는 자화상을 언급하고 있다. 어쩌면 혼돈의 이 시대를 사는 민초들의 고민을 함묵하고 있는 이 시는 우리 또한 숙제로 간직할 이 시대의 화두가 아닌가 생각된다.

그러나 종국에는 이 세상을 사는 그 어떤 위인들의 명언이나 잠언보다 현실에 맞게끔 주어진 환경에 따라 이 세상을 개척하는 삶이 더욱 궁극적인 목표라는 데 인식을 같이할 수밖에 없는 현실을 우선할 수밖에 없다고 시인은 토로하고 있다.

이 시는 주제와 소재와 심상의 근원을 삼위일체하는 과정에서 회화적 요소와 의미적 요소가 한몫 한 시로 삶의 표준과 목적의식을 현실에 맞춘 현실주의modernism가 더욱 빛나는 시로 말로만 우선하는 정서 감각에 배리된 이치와 존재론을 배척하는 시로 매우 심플simple하다.

시인의 용단 있는 현실감각에 우선 감탄할 뿐이다. 우리의 이상적인 세계는 과거를 먹고사는 것이 아니라 현재를 개척하고 더욱 밝고 맑은 아름다운 미래를 엮으로써 보다 발전적인 내일을 지향하는 목표적 근원이 아닌가.

잘 벼린 칼 하나 놓여 있다
무서워라
누군가 명령할 지시에 따라
피를 묻힐 칼

무섭다 이후의 순간은 도무지 알 수 없지만
복종을 위해 자기를 유린해야
값어치를 지니는 칼
일각의 숨소리 가쁜 그 시각
그는 무엇을 생각하고 있을까

심장을 정조준한 그의 앙금이
가슴을 할퀸다
시퍼런 날이 선 칼이 지키는 서늘한 공간
탄생을 원망하며
지금도 아프게 아프게 울고 있는 칼

———「칼 하나가」 전문

칼은 종국에는 피를 묻혀야 자기의 목적달성과 응분의 책임을 다한다. 무섭고 두렵고 어쩌면 공포와 적의인 칼, 그 칼은 임자의 명령에 따라 오로지 행동할 의무감을 가진다. 칼의 본능을 갖는 하나의 발단과 전개와 결말에 오로지 복종만이 주인을 섬기는 정도正道가 되는 것이다. 여기서는 태생적 한계가 곧 필요에 근거한 결말로 마무리되는 운명론을 시인은 이야기하고 있다.

굳이 칼이 아니더라도 세상 살아가는 데 존재감으로 혹은 의무감으로 인해 필요에 따라 탄생한 여러 기구들이 다들 어떤 사고의 영역에 의해 적재적소에 배려되는 의무감을 강조한 듯하다.

그 사실적 자기의 향방에 대한 운명론에 근거했을 때 그 주인공의 마음을 어떻게 헤아리겠는가. 여기서는 칼을 명시적으로 거론하며 태생적 한계로 어쩔 수 없는 그의 미래를 투시하며 공분을 느끼며 그 칼의 마지막 순간의 운명을 뼈아프게 절규하며 마지막 결구에 〈지금도 아프게 아프게 울고 있는 칼〉이라고 자신의 분명한 근원과 한계를 후회하는 뉘앙스nuance 변화variation를 암시하고 있다.

우리의 영원한 난제인 자신에게 가진 여러 선별적인 장단점과 현재 자신이 지향하는 미래상과 목표한 이상을 늘 융통성 있게 수습하며 뜻과 보람을 추구하는 것이 자기를 극복하는 하나의 계기가 될 수 있는 것이다.

자신의 탄생을 후회하며 일생을 가슴을 움켜쥐고 울고 있는 칼. 우리는 처음의 원인이 가지는 냉철한 시작의 잉태를 눈여겨 볼 일이다. 〈지금도 아프게 아프게 울고 있는 칼〉. 그의 심장 안에 또 다른 칼은 없을까.

산을 오르는데

갑자기 숨이 차고 어지러워

배낭에 매어달린 무게가 주체스러워

스얼쩍 돌아보니

어느덧

내 나이더라

———「잊은 세월」 전문

불과 6행이 주는 이 시의 의미는 참으로 대단하다. 세월과 인생과 현재의 자신이 삼위일체로 유지하는 정신과 육체의 현실감과 현장감을 은유와 상징적으로 명시적 시어들을 차례로 배열함으로써 한세월 한세상의 실체적인 자기를 가늠하는 순간의 움직일 수 없는 주체를 내밀하게 의식한 생동감 있는 시이다.

우리들은 대부분 한세상의 실체적인 자기를 가늠하지 못한 체 한세월을 산다. 어느 때 어느 순간 우리는 자신도 의식하지 못한 채 현재와 맞닥뜨리게 되는 또다른 현실을 보며 자신을 추적해가는 과정을 이 시에서는 직시하고 있다.

산행을 하다 배낭을 비롯한 여러 무거운 여러 장비를 운신하며 어느덧 힘에 부쳐 자신도 모르게 돌아보니 평소에는 의식을 못하던 그 무거운 중량을 감지하는 나이에 이제 자기가 와 있다고 스스로 느끼는 데서 나이를 의식하는 순간을 절묘한 타이밍으로 완성짓고 있다. 그렇다. 시는 아무리 발군의 재주로 수많은 발상과 구성적 입지와 원칙론에 충실한다고 하더라도 그 순간의 절체절명의 느낌feeling에서 오는 순간적인 영감일 것이다.

막상 건강지킴이로 산행을 늘 하고 있지만 정작에 그 순간에도 시시각각 다가오는 나이의 무게를 계산하지 못한 시인의 바쁜 일상과 생활감 그리고 되돌아볼 수 없는 인생의 여러 근원적인 사안들이 함께하고 있는 것이다.

이 시는 6행의 비교적 짧은 시어로 완성을 기했지만 그 어느 것 하나도 무리로 가는 시귀나 타성에 근거하는 이치나 순수한 자연적인 필연을 과장법없이 투영하고 있어 참으로 맛있는 시이다. 이런 발상적 근거를 이룬 시인의 평소의 시적 혜안에 오직 놀라움을 가질 뿐이다.

누가 이놈의 사타구니를 설건드렸나
심층에서 결박당한 몸 뒤틀고 읔박질러
시뻘건 피로 제 몸 학대하는가
종일 발광하며 거품을 겨워내는데
파도는 엉너리로 계속 솟구치는데
대성호를 쓰러트릴 핵주먹 허리케인
조타실 창을 박살내듯
엊그제부터 험상궂은 얼굴로 살기를 띤다
종일 이물을 들었다 놨다 야단법석이다
요동하는 대성호는 땀을 쏟고
피를 간추리는 긴장으로
오, 한 잎 낙엽으로 요동치는데
선체를 따라 비행하는 갈매기들 무리
뱃전을 흔드는 우레와 번개소리
쉴 새 없이 마구 퍼붓는 빗줄기로
한치 앞도 안 보이는데
누가 발정난 이놈을 건드렸나
철면피 같은 아비규환으로
배는 자꾸만 북극성으로 귀신처럼 나아가는데

———「미친 바다」 전문

유기환 시인은 선장으로 한동안 바다와 인연을 맺었다. 아시다시피 현대 문명의 온갖 최첨단 과학기계와 정밀기기가 배를 운항한다고 하더라도 지구의 4분의 3이나 되는 거대한 바다를 인간이 요령껏 통제 지배하기는 거의 불가능하다. 예측할 수 없는 기후와 온도, 그리고 수시로 변하는 열대성 바람 그리고 불연속성 등 난기류 속의 광폭한 바다를 변모시키는 것은 오직 신神만이 아는 영역일 것이다.

이 시는 시각적인 시로 현장시이다. 예측 못할 항해에서 일어나는 순간의 삶과 죽음을 넘나드는 일각의 무서운 촌음을 가감 없이 표출한 이 시는 바다가 하나의 감상적인 이유만으로 존재하지 않는다는 진실을 여실히 표징한 시로 박진감이 넘치는 현실성의 시이다. 오직 살기 위한 몸부림, 순간의 탈출을 위한 절체절명의 순간, 그리고 이후를 담보할 수 없는 생명. 그 바다의 무지막지한 여러 순간의 얼굴을 여과 없이 마치 스케치하듯 표정과 동작 하나도 놓치지 않고 기록한 하나의 서사시적인 공감도 이루는 시이다.

바다의 거친 모양새를 〈미친 바다〉로 설정하고 〈누가 이놈의 사타구니를 설건드렸나〉 〈심층에서 결박당한 몸 뒤틀고 윽박질러〉 〈시뻘건 피로 제몸 학대하는가〉 〈종일 발광하며 거품을 겨워내는데〉 …… 〈대성호를 쓰러뜨릴 핵주먹 허리케인〉 〈엊그제부터 험상궂은 얼굴로 살기를 띤다〉 〈뱃전을 흔드는 우레와 번개소리〉 〈철면피 같은 아비규환〉 직접 체험 경험해 본 사람이 아니고는 이런 박진감 있는 시어들은 생산하지 못한다.

적재적소에 시의적절한 시어들을 창출하여 시적 효과를 높인 점은 관찰에서 오는 현장감일 것이다.

맨끝연 〈철면피 같은 아비규환으로/ 배는 자꾸만 북극성으로 귀신처럼 나아가는데〉는 무조건 암흑의 바다에서 벗어나려는 노련한 선원들만이 가질 수 있는 영감과 육감으로 북극성의 방향 감각을 꿈인 듯 생시인 듯 찾아 나아가는 것을 환시와 착시현상을 도입 접목함으로써 이 시의 결어를 절정으로 이끄는 눈부신 수사미로 발군이었다.

이상, 일별해 본 유기환 시인의 시세계는 우선 스케일이 크고 넓다. 일상적인 생활시부터 정감어린 서정시의 촉매가 되는 사랑과 그리움이 함께 투영되는가 하면 과거를 회상하며 현재를 함께 직립시키는 공간적 의미도 함께하고 있다.

이제 폭이 넓고 자유분방한 그의 시가 보다 냉철한 우리의 시세계에서 하나의 빛과 열로 승화하리라 본다. 문단의 관심 속에 보다 큰 시인으로 우뚝 서리라 본다.

이 도서의 국립중앙도서관 출판예정도서목록(CIP)은 서지정보유통지원시스템 홈페이지(http://seoji.nl.go.kr)와 국가자료공동목록시스템(http://www.nl.go.kr/kolisnet)에서 이용하실 수 있습니다.(CIP제어번호: CIP2016011541)

유기환 시집

인식과 세상 보기

인쇄일 | 2016년 5월 16일
발행일 | 2016년 5월 25일
지은이 | 유기환
펴낸이 | 최장락
펴낸곳 | 도서출판 푸름사
주　소 | 부산광역시 부산진구 부전로 35, 301호(부전동, 삼성빌딩)
전화 : (051)805-8002 팩스 : (051)805-8045
이메일 : doosoncomm@daum.net
출판등록 제329-2009-000010호

값 10,000원

ISBN 978-89-94839-14-1 03810